gli ARCHI

1

Per informazioni sulle opere pubblicate
e in programma rivolgersi a:

Edizioni Terra Santa
Via Giovanni Gherardini, 5 - 20145, Milano
Tel. +39 02 34592679
Fax + 39 02 31801980
http://www.edizioniterrasanta.it
e-mail: editrice@edizioniterrasanta.it

Progetto grafico di Elisabetta Ostini

Finito di stampare nel novembre 2014
da GESP s.r.l. - Città di Castello (Pg)
per conto di Fondazione Terra Santa

ISBN 978-88-6240-323-8

Pierbattista
PIZZABALLA

Michael A.
PERRY

Il coraggio della pace

Preghiera e dialogo nello "spirito di Assisi"

edizioni terra santa

Introduzione

«Invito lei, presidente Mahmoud Abbas, e il presidente Shimon Peres a pregare con me per la pace e per questo apro la mia casa in Vaticano!». La messa è al termine. È l'ora del canto del *Regina Coeli*. Le parole del Papa per una preghiera comune in Vaticano sono accolte da profonda emozione.

È il 25 maggio 2014, nella piazza della Mangiatoia a Betlemme. Bisogna partire dal viaggio di Papa Bergoglio in Terra Santa per comprendere l'importanza che l'incontro di preghiera tenutosi in Vaticano qualche settimana dopo ha avuto. E quali conseguenze potrà avere, anche se l'attualità del conflitto israelo-palestinese sembra avvitarsi in una spirale di sempre maggior violenza.

«Tutti desiderano la pace – continua il Papa –. Tante persone la costruiscono ogni giorno con piccoli gesti. Tutti abbiamo il dovere di farci strumenti e costruttori di pace. Costruire la pace è difficile, ma vivere senza pace è un tormento! Tutti gli uomini del mondo ci chiedono di portare davanti a Dio la loro esigenza di pace».

Domenica 8 giugno, festa di Pentecoste, in uno splendido angolo dei Giardini vaticani, si celebra un evento che prima si riteneva impossibile. Nessun simbolo religioso intorno e, come tetto, solo il cielo: il "santuario" ideale per accogliere credenti di religioni diverse e alzare insieme lo sguardo a Dio: «Siamo fratelli, figli di uno stesso Padre: solo se lo riconosciamo potrà arrivare la pace», afferma nel suo discorso il Papa.

«La storia ci insegna che le nostre forze non bastano – prosegue il Pontefice –. Più di una volta siamo stati vicini alla pace, ma il maligno, con diversi mezzi, è riuscito a impedirla. Per questo siamo qui, perché sappiamo e crediamo che abbiamo bisogno dell'aiuto di Dio».

E ancora: «Per fare la pace ci vuole coraggio, molto di più che per fare la guerra. Ci vuole coraggio per dire sì all'incontro e no allo scontro; sì al dialogo e no alla violenza; sì al negoziato e no alle ostilità; sì al rispetto dei patti e no alle provocazioni; sì alla sincerità e no alla doppiezza. Per tutto questo ci vuole coraggio, grande forza d'animo».

Nel testo che presentiamo in questo volumetto, fra Pierbattista Pizzaballa, Custode di Terra Santa e tra gli organizzatori (per volere del Papa) dell'evento vaticano, svela alcuni particolari inediti e i retroscena di questo avvenimento storico, che ha visto la presenza anche del Patriarca ecumenico di Costantinopoli, Bartolomeo I.

Un'invocazione di preghiera che, proprio in quanto tale, non può avere un approccio «utilitaristico».

«La preghiera – spiega fra Pizzaballa – introduce a un atteggiamento, a una condizione, a una relazione. La preghiera non produce; la preghiera genera. Non sostituisce l'opera dell'uomo, ma la illumina. Non esonera dal percorso, ma lo indica. E in questo senso l'incontro di Roma è stato e rimane un segno potente, forte, vincolante. È l'immagine alla quale richiamarsi e che dà speranza a chi non si rassegna alla triste realtà dei nostri giorni».

Completa il libro una riflessione di fra Michael A. Perry, ministro generale dei Frati minori, sul dialogo tra le fedi come strada privilegiata per la pace. Partendo dalla propria esperienza nel campo del dialogo e della riconciliazione, fra Perry traccia alcune linee guida. Prima di tutto serve l'impegno per un lavoro comune e condiviso, purificato dal desiderio tutto umano di controllare e "possedere" tutto: «Non dobbiamo necessariamente avere il "comando" quando ci muoviamo in una situazione che implica collaborazione, fiducia, servizio, promozione, ecc. Dio è a capo e Dio fa sì che accada ciò che deve accadere, talvolta nonostante noi e non grazie a noi. Ciò che possiamo fare è metterci a disposizione dell'umanità per il piano di Dio».

Poi la consapevolezza che «il dialogo interreligioso non comporta la ricerca di chi ha ragione e di chi ha torto, per fare del nostro punto di vista quello dominante e unico. Il dialogo [...] cerca di costruire ponti per la comunicazione fra popoli di diversa estrazione culturale, linguistica, geografica, religiosa, di costruire legami d'amicizia (lo spirito del dialogo), di promuovere pace e armonia tra popoli di differenti sistemi religiosi di credo e di pratica al fine di approfondire una mutua conoscenza, un reciproco arricchimento, la promozione della libertà, la ricerca della verità e la condivisione delle proprie convinzioni e motivazioni religiose».

Infine la certezza che «il dialogo interreligioso e la cooperazione possono portare i credenti cristiani, e in molti casi lo fanno, a una consapevolezza più profonda della loro fede e delle cause della speranza cristiana. [...] Diventiamo anche più consapevoli della ricerca umana di libertà, verità, giustizia, amore, pace e riconciliazione, che è nel cuore di ogni essere umano».

Due testi, quello di fra Pizzaballa e di fra Perry, che si intrecciano, in un continuo richiamo al carisma francescano e allo "spirito di Assisi", per riaffermare il particolare impegno dei figli di san Francesco nel campo della pace e del dialogo tra le religioni, in linea con la celebre frase attribuita al Poverello: «Dove c'è odio che io porti l'amore, dove c'è offesa che io porti il perdono».

Giuseppe Caffulli

Figli di Abramo
in preghiera per la pace

Pierbattista Pizzaballa

Prima di riflettere insieme sull'invocazione per la pace che si è tenuta a Roma qualche mese fa[1], e apparentemente archiviata in fretta dai tragici eventi che l'hanno seguita, penso sia importante dire due parole sulla visita del Papa in Terra Santa[2]. I due eventi, dopotutto, sono legati l'uno all'altro. È in Terra Santa, infatti, che è maturata questa idea ed è stata annunciata la giornata di preghiera a Roma. L'invocazione di Roma ha il cuore a Gerusalemme.

---

* Intervento in occasione del 28° anniversario dell'incontro interreligioso per la pace voluto da Giovanni Paolo II nel 1986 (Assisi, 26 ottobre 2014).

[1] Città del Vaticano, 8 giugno 2014. L'invocazione si è tenuta in presenza del Presidente israeliano Shimon Peres, di quello palestinese Mahmoud Abbas e del Patriarca ecumenico di Costantinopoli Bartolomeo, ospiti di Papa Francesco (*ndr*).

[2] 24-26 maggio 2014 (*ndr*).

IL PELLEGRINAGGIO IN TERRA SANTA

Il viaggio del Papa in Terra Santa, breve ma intenso, si è mosso su due piani distinti ma in relazione tra loro. Il piano ecumenico è quello più noto ed evidente. Esso ha accentuato l'incontro con tutte le comunità cristiane, e in particolare con il Patriarca Bartolomeo, con il quale vi è una relazione speciale che vediamo confermata anche dall'importante viaggio in Turchia, a Costantinopoli/Istanbul[3]. Lo scopo principale del pellegrinaggio era quello di commemorare lo storico incontro tra Papa Paolo VI e il Patriarca di Costantinopoli Atenagora. Quell'incontro ha cambiato irreversibilmente, dopo secoli, le relazioni tra i due polmoni della Chiesa, quello orientale e quello occidentale.

L'altro aspetto del viaggio papale era inevitabilmente legato al conflitto israelo-palestinese: la fermata al muro di separazione, simbolo della ferita nel popolo palestinese, e quella presso il monumento israeliano ai caduti del terrorismo, e in particolare l'incontro con i due Presidenti, rappresentanti dei rispettivi popoli, con i quali il Papa si è fermato a lungo.

Questi due piani, quello religioso con l'incontro al Santo Sepolcro e quello "politico" con i due Presidenti, sono legati. In entrambe le situazioni, il Papa ha voluto

---

[3] 28-30 novembre 2014 (*ndr*).

"toccare" le ferite create dalle divisioni profonde che la Terra Santa conosce da sempre: quelle tra le Chiese e quelle tra i due popoli.

Per comprendere la traccia, il senso che lega i due momenti, dobbiamo andare proprio al giorno in cui il Papa ha annunciato il suo viaggio in Terra Santa, nella vigilia della solennità dell'Epifania (5 gennaio 2014). In quel giorno il Papa comunicava che si sarebbe recato in Terra Santa in «pellegrinaggio di preghiera». Questa è stata l'intenzione del Sommo Pontefice ed è a nostro avviso la chiave di comprensione del viaggio papale: la *preghiera*. Il Papa, infatti, non ha fatto discorsi di carattere politico. Non ha detto quasi niente al riguardo. Non è entrato nelle questioni aggiungendo la sua alle migliaia di proposte di soluzione già esistenti e ora pressoché inutili. Egli ha solo voluto portare la sua personale solidarietà e soprattutto la sua preghiera, invitando tutti a unirsi a lui, senza esprimere giudizi. Ha invitato a pregare perché il Signore dia forza per fare la pace a coloro che ne hanno il potere. Tutto qui. Semplicemente e banalmente. È in questo contesto, dunque, che dobbiamo leggere il viaggio del Papa in Terra Santa e, subito dopo, legato ad esso, l'incontro di preghiera a Roma.

Questo approccio ha avuto e ha tuttora una grande forza. Se il Pontefice avesse elaborato una proposta o un invito a trovare una soluzione ai problemi, tutto sarebbe stato archiviato immediatamente come l'ennesimo punto di vista, avrebbe avuto sostenitori e detrattori e avrebbe insomma portato ulteriori divisioni con attese esaudite e/o frustrate. Ma non è entrato in questa dinamica. Nel mettersi a disposizione, non per mediare bensì per pregare, e nell'invito a unirsi alla sua preghiera, il Papa ha portato il discorso su un piano completamente diverso. Ha neutralizzato le attese e le paure della politica, e ha invitato gli uomini e la politica ad allargare lo sguardo e dare alla visione di ciascuno una prospettiva diversa e, forse, nuova. Ha voluto farsi presente con la sua umanità, senza giudicare, condannare, indicare, dare lezioni. Non si è sostituito a nessuno, azzerando così quasi completamente i reciproci divieti.

Chi può negare il desiderio di pregare per la pace? Come si può rifiutare un invito pubblico e autorevole come quello del Papa a unirsi non per discutere di confini o di percentuali, ma per pregare Dio, l'unico Dio, perché illumini ciascuno e dia la forza di costruire seriamente la pace? Chi ha il coraggio di rifiutare? Il Papa ha portato la politica su un terreno diverso e nuovo, ha insomma portato i suoi interlocutori a smettere i panni del politico di corso e a vestire quelli dell'uomo povero che si rivolge a Dio. Perché è questo che tutti siamo.

Ma procediamo con ordine e torniamo al viaggio in Terra Santa e in particolare all'incontro di preghiera al Santo Sepolcro.

INCONTRO ECUMENICO
AL SANTO SEPOLCRO

Ci vorrà ancora un po' di tempo, forse, per rendersi conto di quanto tale incontro sia stato importante. Cinquant'anni fa Paolo VI e il Patriarca Atenagora si incontrarono alla periferia di Gerusalemme, sul Monte degli Ulivi, nelle rispettive residenze. Non si poteva fare di più, allora, e ciò nonostante fu un momento storico straordinario. Quell'incontro, come abbiamo detto, segnò una svolta nelle relazioni tra le due Chiese.

Quest'anno, invece, l'incontro commemorativo si è tenuto nel cuore della Gerusalemme cristiana, il Santo Sepolcro, che custodisce la memoria della morte e risurrezione di Cristo e, purtroppo, anche le nostre divisioni. Non è stato un incontro diplomatico, ma di preghiera. Per la prima volta da sempre, il capo della Chiesa cattolica e il capo della Chiesa ortodossa, a Gerusalemme, si sono uniti in preghiera comune, non solamente tra loro, bensì con le rispettive Chiese. Chi conosce dall'interno la vita delle Chiese sa bene come questo non sia per niente cosa scontata. Si possono avere capi religiosi che, da ospiti, si uniscono alla preghiera di un'altra Chiesa. Ma due capi religiosi cristiani che, nello stesso momento, nello stesso luogo (e non un luogo qualunque, bensì Gerusalemme, nel Santo Sepolcro), insieme pregano con le rispettive comunità, è una novità assoluta. In quel momento è crollato un enorme bastione, uno dei grandi contrafforti che sorregge il muro di divisione tra le due Chiese, rendendolo sempre più fragile e cadente.

Oltre al momento in sé, commovente e forte, è stata importante la preparazione di tale incontro. Preparazione che è stata realizzata esclusivamente a Gerusalemme, dalle Chiese locali. Non si è dunque trattato di un evento di "stranieri" semplicemente ospitato, ma di un momento di preghiera organizzato, preparato e voluto dalle Chiese locali, che si sono unite ai rispettivi pastori.

Mesi di discussione su tutti i piccoli dettagli, anche minimi, su chi avrebbe fatto cosa e dove, sulle responsabilità, le precedenze, la divisione dei compiti, le presenze, gli inviti.

E poi i testi, i canti, i gesti.

Era tutto nuovo. Lo Status Quo[4], che regna sovrano al Santo Sepolcro da secoli, non prevedeva che vi sarebbe mai stato un evento del genere; bisognava dunque interpretare lo Status Quo alla luce di questa assoluta novità. Mai i cori latini e greci hanno cantato assieme. Mai Patriarchi e Custodi si sono riuniti per scegliere insieme un brano biblico (in genere ci si incontra per discutere di "questioni condominiali", senza andare oltre). Mai ci si era incontrati per vedere quali fossero i canti più adatti per un evento comune. Ciascuno voleva portare i suoi

---

[4] Regolamento di età ottomana che stabilisce le norme di comportamento e i diritti delle varie confessioni cristiane comproprietarie della basilica della Natività e del Santo Sepolcro (*ndr*).

arredi migliori, per poi arrivare alla conclusione condivisa che non c'era niente da arredare, ma che tutto doveva restare semplice e sobrio.

Dopo le iniziali difficoltà a comprendere la natura dell'evento, poco alla volta, inconsapevolmente, ci siamo ritrovati a discutere e a preparare la liturgia insieme, come si fa in qualsiasi realtà ecclesiale: brani biblici, canti, gesti e così via. Una banalità, se si vuole, ma che, se fatta per la prima volta dopo secoli, assume un valore straordinario di novità e di rinnovamento. Soltanto in seguito ci siamo resi conto che abbiamo faticato e lavorato per mesi a costruire insieme una liturgia semplice, quando generalmente la nostra preoccupazione ordinaria a Gerusalemme è quella di marcare le distinzioni tra noi. Abbiamo fatto il contrario di quello che facciamo quotidianamente, e ci siamo ritrovati, re-incontrati in maniera nuova. Nei nostri "incontri condominiali" generalmente discutiamo di come preservare i nostri diritti dagli altri. Per quell'incontro, invece, la preoccupazione era di come condividere le responsabilità. Una novità e un'indicazione di metodo importante.

Va detto che non è stato affatto semplice e che il passato non è stato affatto cancellato. Divieti e paletti vari ci sono stati, eccome! Le difficoltà e, in alcuni momenti, il desiderio di mandare tutto all'aria si sono fatti sentire. Bizantinismi vari, dall'una e dall'altra parte, non potevano mancare, come non sono mancate forti opposizioni all'iniziativa. Sarebbe ingenuo credere che potesse essere diversamente. Ciò che ha creato più tensione è stata l'impossibilità di avere un maggiore coinvolgimento di altre Chiese. La delusione di altre comunità a non poter partecipare attivamente è stata forte. Anche questo credo sia importante da segnalare. La delusione, certo, era anche espressione del desiderio di visibilità ad essi negato. Dobbiamo riconoscerlo. Ma bisogna aggiungere che c'era comunque anche il sincero desiderio da parte di tutti di esserci, di essere parte di quest'abbraccio nuovo e straordinario, di essere parte di quel momento storico.

Cinquant'anni fa, dicevo, ci si era incontrati in periferia. Oggi si è aggiunto un altro passaggio importante: incontrarsi al Santo Sepolcro, con una liturgia comune. Chissà che un giorno non si possa allargare tale incontro anche ad altri, in un ulteriore passaggio di questo lungo e irreversibile cammino di riconciliazione. Nessuno dei due personaggi, Paolo VI e Atenagora, cinquant'anni fa avrebbe potuto prevedere la portata del loro gesto. Nemmeno ora, dunque, possiamo comprendere come questo gesto compiuto a Gerusalemme si ripercuoterà nei prossimi anni nella vita della Chiesa, ma sappiamo che, comunque, è e resterà una pietra miliare fondamentale nel processo di riconciliazione.

L'INVOCAZIONE DI PACE A ROMA

Dopo aver toccato la ferita della divisione tra le Chiese a Gerusalemme, come dicevo, bisognava, *era necessario* toccare l'altra dolorosa ferita, la divisione tra i due popoli, israeliano e palestinese.

L'approccio è stato il medesimo. Niente discussioni politiche o generici inviti alla pace, ai quali nessuno presta più attenzione da molto tempo. Solo un invito alla preghiera. E, come al Santo Sepolcro, anche in questo caso quest'invito ha spiazzato molti, impreparati a questa "novità". Sembrerà strano, ma gli ambienti istituzionali, religiosi o politici a Gerusalemme sono abituati a gestire una "proposta di pace" ma non un invito alla preghiera per la pace: «Cosa si fa in questi casi? Cosa succede? Non esiste un protocollo per queste cose! A cosa serve? Come si fa? Dove?…». L'opposizione, naturalmente, non è mancata, sia dai politici sia dai religiosi. La ristrettezza dei tempi, le difficoltà tecniche e i forti condizionamenti locali hanno reso impossibile la realizzazione di questa proposta a Gerusalemme. Ma l'idea non è caduta. All'invito, reso pubblico, è pervenuta la pubblica risposta positiva dei due presidenti, che hanno accettato andando oltre alle diffidenze d'ufficio, obbligando i rispettivi staff a risolvere le loro perplessità e a dare la propria disponibilità all'iniziativa. Si è dunque deciso di farlo, questo incontro, cambiando ciascuno la propria agenda per darsi questa priorità. E se a Gerusalemme è ancora difficile perché, come si diceva, i condizionamenti legati all'intreccio delle tensioni politiche e religiose sono ancora troppi, si pregherà a Roma. Quindi non solo con il Papa, ma anche a casa del Papa. Impossibile rifiutare. Ancora una volta si portano la politica e i politici fuori dal loro terreno e ora anche fuori da casa propria. Così infatti si è espresso Papa Francesco:

> Desidero rivolgere un invito […] ad elevare insieme con me *un'intensa preghiera, invocando da Dio il dono della pace.* Tutti desideriamo la pace; tante persone la costruiscono ogni giorno con piccoli gesti; molti soffrono e sopportano pazientemente la fatica di tanti tentativi per costruirla; e tutti, specialmente coloro che sono posti al servizio dei propri popoli, abbiamo il dovere di farci strumenti e costruttori di pace, prima di tutto nella preghiera. Costruire la pace è difficile, ma vivere senza pace è un tormento.[5]

La richiesta di aiutare nell'organizzazione di quel momento di preghiera mi è stata rivolta al Getsemani, il luogo del *fiat* di Gesù, anticipatore delle sofferenze che non possono essere mai eliminate dall'orizzonte quando si parla di desiderio di pace in Terra Santa.

Il pensiero comune era che tale momento fosse rimandato ai mesi successivi. Ci fu comunicato, invece, che

---

[5] *Regina Coeli*, Betlemme, 25 maggio 2014.

era da farsi subito, entro pochi giorni. All'assenso iniziale per l'iniziativa è così subentrata, subito, la preoccupazione per la sua realizzazione. Tuttavia, anche la scelta dei tempi, alla fine, è stata provvidenziale. Se non si fosse colto quel momento di grazia legato al pellegrinaggio in Terra Santa, dopo la crisi che è scoppiata durante l'estate, probabilmente, non sarebbe più stato possibile celebrare quel momento e ora ci ritroveremmo senza nessun segno, senza alcuna immagine di pace possibile tra i due popoli, ma solo con le macerie lasciate dalla guerra.

Le settimane seguite all'annuncio, frenetiche e intense, sono state occupate da una serie interminabile di incontri prima con gli staff politici, poi con i religiosi, separatamente e insieme, nella mediazione tra le parti, nel vincere le paure e le sensibilità, nel definire i criteri comuni per la preparazione dei testi, i temi, i limiti, la composizione delle delegazioni, la loro distribuzione (se le delegazioni si dovessero dividere per appartenenze religiose o nazionali), l'individuazione di un luogo proprio che tenesse conto delle diverse sensibilità religiose legate alla presenza o meno di simboli. Non si trattava di una novità solo per le due delegazioni nazionali, ma anche per la Santa Sede e per lo staff del Vaticano. Non poteva essere un evento di massa, quindi le delegazioni dovevano rimanere ristrette in numero ma rappresentative delle diverse composizioni religiose dei rispettivi Paesi. Non tutti i religiosi erano disposti a partecipare, non tutti erano disposti a recitare quei testi o accettare quelli altrui.

Ogni delegazione doveva scegliere autonomamente i testi, nel rispetto dei temi scelti. Tutti dovevano approvare i testi di tutti, che dovevano quindi essere letti in tempo ed eventualmente rivisti. I religiosi che avevano accettato dovevano poi affrontare, all'interno delle rispettive comunità religiose, anche l'opposizione di quanti erano contrari all'iniziativa, per ragioni religiose e/o politiche. Se per i cristiani era difficile accettare l'idea di pregare insieme a Gerusalemme, si può immaginare cosa abbia suscitato l'idea che, a un livello così alto e con una visibilità mondiale (e quindi anche "impegnativa"), religiosi delle tre fedi che in Terra Santa non si incontrano spesso non solo pregassero l'uno accanto all'altro, ma anche insieme ai rispettivi presidenti politici, in un contesto, quello della Terra Santa, dove politica e fede si sovrappongono volentieri. Un incontro, insomma, che impegnava pubblicamente religiosi e politici a invocare sul serio la pace. Anche scegliere la terminologia era importante. Pregare per la pace o invocare per la pace? La scelta del termine *invocazione* ha stemperato le difficoltà, ma non le ha cancellate. Anche a livello politico non sono mancate incomprensioni. Molti, nelle rispettive delegazioni, non comprendevano il senso dell'iniziativa, che era totalmente avulsa rispetto al loro orizzonte ordinario di attività. Altri invece erano molto contrari, perché il gesto non era in sintonia con la loro agenda politica, quella che vuole mettere l'uno contro l'altro, o che scarica sull'altro la responsabilità dello stallo politico, delle incomprensioni e così via. Le immagini dei due presidenti che non solo si stringono la mano, ma pregano insieme, stravolgeva la loro narrativa, e perciò bisognava impedire in qualche modo la sua realizzazione. Quelle immagini, infatti, avrebbero avuto un impatto potente e per alcuni difficile da digerire. Altri ancora avevano preparato testi che erano vere e proprie agende politiche e non avevano nulla a che fare con una preghiera rivolta a Dio. Oppure si componevano testi religiosi ma con chiari riferimenti politici. Smettere i panni della politica e uscire dai propri schemi è stato più difficile di quanto sembri.

Insomma, non sono mancate le difficoltà. Ma è prevalso il desiderio di andare avanti, nonostante tutto. Era importante e bisognava farlo. Nei momenti di stallo, non sempre si comprendeva come si potesse proseguire, ma era chiaro a tutti che non ci si poteva fermare. I due presidenti a volte sono intervenuti personalmente per risolvere dilemmi, paure o difficoltà.

Come per l'incontro al Santo Sepolcro, la ferma volontà dei due leader politici a partecipare all'invocazione ha obbligato i rispettivi staff ad allinearsi e mettere in secondo piano le attese particolari, le rispettive agende, gli obiettivi diversi. Si sono visti tutti obbligati ad adattarsi all'altro, a cercare di rivedere i propri testi per incontrare il consenso dell'altro e viceversa. Anche in questo caso, non è stato importante solo l'evento in sé, ma anche la sua preparazione. Si è visto bene che, quando c'è una motivazione forte, ci si può incontrare, superando ostacoli di ogni tipo. Fino alla fine la discussione sui testi è stata animata, franca, leale. Ci si è anche assunti la responsabilità, per alcuni, di proseguire nonostante la contrarietà dei propri. La pace richiede anche prese di posizione chiare e decise.

La presenza del Patriarca Bartolomeo era strettamente legata all'incontro di Gerusalemme, di cui l'appuntamento di Roma è stato il prolungamento. La preghiera coinvolgeva non solo il capo della Chiesa di Roma con i due presidenti di Gerusalemme, ma entrambi i capi delle Chiese d'Oriente e Occidente, che a Gerusalemme si sono abbracciati. Il secondo abbraccio era conseguenza diretta del primo.

Non si è mentito e l'incontro non è stato una farsa. Le diverse delegazioni, nella composizione dei testi e nella scelta dei gesti da compiere, non si sono solo ascoltate tra loro, ma hanno anche cercato di restare fedeli alla propria identità. Non hanno scritto o scelto brani che non fossero chiaramente legati alla propria tradizione. Parole e gesti dovevano essere veri prima per sé e poi per gli altri, senza "cadute buoniste" che fossero piacevoli all'uditorio ma non significative per la comunità di appartenenza. Questo si è visto nella diversità delle scelte: ebrei, cristiani e musulmani, sugli stessi temi (creazione, perdono e invocazione) si sono espressi in maniera molto diversa e non sempre del tutto compresa dagli altri; alla base però c'è sempre stato il rispetto, sapendo che non era possibile capire sempre e fino in fondo i testi altrui, e che perciò bisognava anche fidarsi. Ciascuno si è espresso al massimo delle proprie possibilità. I musulmani hanno composto testi ispirati fortemente dal Corano e creati appositamente per l'occasione, con l'aggiunta del canto di una sura all'ultimo momento. Gli ebrei hanno scelto brani biblici e della tradizione ebraica. I cristiani passi biblici, preghiere conosciute e altre composte *ad hoc*. Ciascuno in piena autonomia e secondo la propria sensibilità. Non era un incontro di preghiera interreligioso, ma un momento di invocazione dei due presidenti, con i rappresentanti dei due popoli che erano cristiani, musulmani ed ebrei.

Si poteva fare meglio? Non so. Ma era il meglio che si poteva fare. Per comprendere il senso e la portata dell'evento si devono certamente mettere insieme i testi e i gesti, che forse qualcuno poteva attendersi diversi. Ma bisogna anche considerare la scelta di esserci, di mettere la propria faccia e il proprio nome nel gesto in sé. Nessuno dei presenti era obbligato a venire ma, accettando, ha dichiarato la propria volontà di lavorare e pregare per la pace, nonostante la contrarietà dei suoi. Non ci si poteva aspettare di avere tutto perfetto e in ordine, con idee chiare e distinte. Non si potevano misurare le delegazioni, i loro gesti e i loro testi solamente in base alle proprie attese e ai propri criteri. Ci si è messi insieme nella verità di ciascuno, cercando, per una volta, di mettere da parte gli ostacoli, e allo stesso tempo senza negarsi, senza illudersi di raggiungere chissà quali obiettivi, di rispondere ad attese troppo alte e fuori dalla portata reale. Riconoscendo e rispettando anche le difficoltà e le fatiche di ognuno, i suoi tempi e i suoi orizzonti, senza smettere di attenderlo. Anche questa è un'indicazione di metodo importante.

I FRUTTI DELL'INCONTRO

Molto si è detto sui frutti dell'incontro. O meglio, si è parlato a lungo del suo "fallimento", visto che quasi subito dopo si è scatenata una violenza inaudita: «La preghiera non è servita, non ha ottenuto il suo scopo, è stata una farsa subito smentita dalla realtà, ecc...».

Monsignor Sorrentino[6] ha scritto una pagina importante a questo proposito. Ne riporto solo alcuni stralci:

La visita di Papa Francesco in Terra Santa e soprattutto il momento di preghiera che egli ha condiviso in Vaticano con Shimon Peres e Abu Mazen hanno suscitato tante speranze. Forse troppe. Non poteva esserci più grande delusione, con l'esplosione del conflitto che si è determinato poco dopo tra i due popoli, ancora una volta con l'esito di morti e macerie. La politica, come sempre, impotente a prevenire l'attacco spregiudicato

---

[6] Mons. Domenico Sorrentino, vescovo della Diocesi di Assisi-Nocera Umbra-Gualdo Tadino (*ndr*).

di Hamas e a frenare la reazione abnorme di Israele. Il trionfo dell'odio. La sconfitta della ragione. Sconfitta anche la preghiera? [...] Ma perché "investire" in preghiera, lì dove sembra che essa puntualmente fallisca? Si potrebbe facilmente rispondere: prima ancora della preghiera, falliscono le iniziative politiche. [...] Rivolgersi a Dio è un atto di verità e di umiltà: ingredienti senza i quali nessuna pace è possibile. [...] Sarebbe fin troppo comodo che una singola preghiera, fosse anche quella di un Papa, risolvesse d'incanto un problema così annoso e al limite della disperazione. [...] Dove la ragione è accecata e i sentimenti inaspriti, solo lo Spirito di Dio può entrare. Se le iniziative della politica avranno una funzione da espletare – e l'hanno! – dovranno essere accompagnate da tanta preghiera. Per questo l'iniziativa di Papa Francesco, senza essere sostitutiva, è decisiva. Non è stata solo un "evento": è stata una grande indicazione di metodo. Lo "spirito di Assisi" resta più vivo che mai.[7]

Credo che in questa citazione vi sia già tutto. Non bisogna avere un approccio consumistico alla preghiera, che non produce risultati, e mai immediatamente. La preghiera introduce a un atteggiamento, a una condizione, a una relazione. La preghiera non produce; la preghiera genera. Non

---

[7] In occasione della festa del Perdono di Assisi 2014, dedicata alla preghiera per la pace in Terra Santa.

sostituisce l'opera dell'uomo, ma la illumina. Non esonera dal percorso, ma lo indica. E in questo senso l'incontro di Roma è stato e rimane un segno potente, forte, vincolante. È l'immagine alla quale richiamarsi e che dà speranza a chi non si rassegna alla triste realtà dei nostri giorni.

Nessuno si è mai illuso – e fu detto chiaramente – che sarebbe scoppiata la pace; questa può essere costruita solo insieme e sui tempi lunghi. Certamente il potere di Satana, che genera divisione, non poteva rimanere inerte. Ma sappiamo che questo un giorno finirà. E avremo bisogno di un segno che ci riporti al comune desiderio di pace, di ritrovare la strada per un modo diverso di stare insieme, di riconoscersi.

Quell'immagine dei presidenti insieme al Papa e al Patriarca è lì anche per questo, non può essere cancellata. Insieme a quella delle macerie fisiche e morali lasciata dall'ultima guerra di Gaza, vi è anche l'immagine della preghiera comune all'unico Dio e Padre di tutti che nessuno, nemmeno Satana, può cancellare.

Le letture e le analisi politiche che si sono fatte dopo la visita in Terra Santa e dopo l'evento di Roma sono inconciliabili con i gesti di Papa Francesco, con la sua personalità, con l'essenzialità del suo insegnamento, con una semplicità che è espressione di limpidezza. Mi sembra che non riflettano il rispetto dovuto alla figura del Papa, anche a prescindere dalla figura di Francesco, il Papa venuto dalla fine del mondo. Il Papa è persona religiosa, il suo discorso deve raggiungerci là dove noi non possiamo fingere a noi stessi. Se non partiamo da qui, invalidiamo le nostre aspettative, i nostri giudizi, il bilancio stesso dell'incontro di preghiera e della sua visita in Terra Santa. Terra che soffre di già troppe superficiali analisi, che è ferita da giudizi partigiani, contesa e violata quando ci si dimentica che è Terra di salvezza, Terra di Dio. Quelle letture sono anche ingiuste nei confronti dei tanti israeliani e palestinesi, religiosi e laici, che quotidianamente si impegnano, andando controcorrente, e lottano per continuare a volersi bene.

Per questo mi piace il "volare alto" del Papa: il suo abbraccio a tutte le fedi della Terra Santa espresso nell'abbraccio ai suoi due Amici; l'aver tenuto uniti nel suo cuore israeliani e palestinesi, rivolgendosi principalmente all'Uomo; il mettere al primo posto i poveri, evidenziando le diverse necessità di questi popoli.

Papa Francesco ha voluto volare alto, fuori dalle pastoie quotidiane per potersi immergere nel cuore della quotidianità con motivazioni che la rendono diversamente vivibile; fuori dal groviglio di ostacoli insuperabili per scoprire e osare una via nuova. Volare alto non è nascondere i problemi, ma liberarci dalla paura, osare, accettare la sfida, fidarsi del futuro.

La paternità di Abramo ci porta – cristiani, ebrei e musulmani – alla fratellanza, il dono più bello che la pace potrà portare in questa Terra, culla dell'umanità, disperatamente lacerata nel suo irresistibile slancio verso la giustizia e nel bisogno reciproco di perdono.

Lo "spirito di Assisi" non ha esaurito la sua vocazione, dunque. La giornata di preghiera a Roma non è stata inutile. Sono tanti nel mondo, anche in Terra Santa, coloro che, oltre le bombe, hanno bisogno di un segno, di un incoraggiamento, di uno slancio, per continuare a guardarsi negli occhi, ad alzare lo sguardo verso l'unico Padre di tutti e riconoscersi perciò fratelli.

Può sembrare un sogno affermare questo ora. È invece la cosa più vera, la realtà più bella della Terra Santa alla quale guardare e della quale l'incontro di Roma è il segno più potente, incancellabile e consolante.

Dialogo tra le fedi, via della pace

Michael A. Perry

Nella prima regola di vita che san Francesco di Assisi scrisse per i frati che volevano portare il Vangelo di Cristo fuori dei confini cristiani, leggiamo:

I frati poi che vanno fra gli infedeli, possono ordinare i rapporti spirituali in mezzo a loro in due modi. Un modo è che non facciano liti o dispute, ma siano soggetti ad ogni creatura umana per amore di Dio e confessino di essere cristiani. L'altro modo è che, quando vedranno che piace al Signore, annunzino la parola di Dio perché essi credano in Dio onnipotente Padre e Figlio e Spirito Santo, Creatore di tutte le cose, e nel Figlio Redentore e Salvatore, e siano battezzati, e si facciano cristiani.[1]

---

* Discorso pronunciato in occasione della IV Giornata per i volontari di Terra Santa (Roma, 22 ottobre 2011).

[1] *De coloro che vanno tra i Saraceni e altri infedeli*, in *Regula non Bullata*, Capitolo XVI, 1223 (cfr. *Fonti Francescane*, 1977, p. 112).

Fratelli e sorelle, amici di san Francesco e santa Chiara, il Signore vi dia pace!

Sono contento di trovarmi fra voi qui oggi per condividere la mia prospettiva sulla libertà religiosa, via della pace, secondo la mia esperienza francescana. Ci sono due brani biblici che indicano secondo me una delle disposizioni possibili e necessarie per vivere la nostra libertà come cristiani con le altre genti del mondo, specialmente con quelle che professano la loro fede nelle altre tradizioni religiose, cioè gli ebrei, i musulmani, gli induisti, i cristiani non cattolici e quelli che professano una fede nell'umanità, gli umanisti, gli atei, ecc. Il primo brano fa parte della tradizione delle comunità di Giovanni, l'evangelista, in cui è scritto: «In principio era il Verbo, e il Verbo era presso Dio e il Verbo era Dio» (Gv 1,1).

Il secondo brano si trova nella seconda Lettera di san Paolo ai Corinzi, capitolo 5, dove leggiamo:

> E tutto è da Dio, il quale ci ha riconciliati con sé mediante Cristo, e ha affidato a noi il ministero della riconciliazione; è stato Dio, infatti, a riconciliare con sé il mondo in Cristo, non imputando agli uomini le loro colpe e affidando a noi la parola della riconciliazione. Noi fungiamo quindi da ambasciatori per Cristo: riconciliatevi con Dio.

Il brano del vangelo di Giovanni ci presenta una visione di Dio che vive nella comunità divina e che parla, in dialogo con Cristo e lo Spirito, ma che entra anche in dialogo con il mondo che è stato creato in Cristo. Il dialogo non è una cosa estranea a Dio o Cristo. Infatti, la nostra tradizione biblica ci offre una visione di Dio che cerca sempre di essere in relazione, in dialogo permanente, con le sue creature. Il dialogo fa parte dell'identità di Dio, della sua maniera di essere e di vivere con Cristo e lo Spirito e con noi, creature umane e le altre nel creato. Dio ci invita a vivere e lavorare con Lui nell'atto continuo della creazione delle condizioni della giustizia, della pace e del cammino verso l'ultimo passo, che ogni cosa sia tutt'uno in Cristo.

Per arrivare all'unità escatologica proclamata da Cristo nei vangeli, san Paolo ci propone il processo della riconciliazione. Essere riconciliati in Cristo significa per Paolo che tutta la creazione riconosce la sua origine e il suo destino, cioè che tutto è stato creato in Dio, per Dio e per l'unità perfetta proclamata dai profeti e da Cristo. Questo processo di riconciliazione comincia tra noi, nel nostro cuore, nelle nostre relazioni umane, nella pratica della fede e nella testimonianza della nostra vita davanti al mondo di oggi. Il dialogo e il processo degli atti che promuovano la riconciliazione e l'unità della famiglia umana sono due elementi capitali per mettere in evidenza la libertà alla quale siamo chiamati e per creare le condizione per una pace giusta e solida. Alla fine la pace non può essere "creata" dagli atti umani; la pace è un dono di Dio offertoci per realizzare la nostra vocazione umana, cristiana e francescana.

ESPERIENZE DI DIALOGO E
DI RICONCILIAZIONE PER LA PACE

Ora che ho condiviso con voi qualche elemento delle basi bibliche e spirituali della pratica della fede cristiana e della vita francescana, vorrei concentrarmi su due esempi concreti. Si tratta di due esperienze personali di dialogo e di riconciliazione che mostrano cosa può succedere quando prendiamo seriamente il mandato biblico che comporta l'essere persone aperte al dialogo, capaci di rispettare l'integrità e i valori spirituali di chi ci circonda e con cui possiamo entrare in relazione e collaborare per la costruzione di un mondo più giusto e più umano.

La prima esperienza è relativa a Banda Aceh, in Indonesia, che il 26 dicembre 2004, con tutto il Sud-Est asiatico, fu colpita da un fortissimo terremoto con conseguente tsunami. Condividerò con voi un'esperienza di collaborazione interreligiosa che ha prodotto conseguenze durature e positive e che ha contribuito alla coabitazione pacifica di gente che condivide prospettive religiose e pratiche di fede enormemente diverse, per esempio musulmani e cristiani.

La seconda esperienza che desidero condividere oggi è legata alla guerra e ai conflitti in corso nella regione occidentale del Sudan, in Darfur, dove, secondo alcuni governi stranieri e le Nazioni Unite, sono stati perpetrati atti di genocidio contro le popolazioni civili innocenti, azioni orchestrate dal governo di Khartoum, la capitale del Sudan del Nord, ed eseguite da militari governativi e milizie sponsorizzate dallo Stato, denominate anche *Janjawid*. In questa seconda storia, è importante notare come cristiani, ebrei e musulmani, insieme a gruppi umanitari e per i diritti umani, abbiano dato forma a una *partnership* cooperativa per fare pressione politica ed economica sul governo del Sudan del Nord perché rispetti i diritti umani, ponga fine al conflitto e porti in giudizio i responsabili di atti di genocidio e di crimini contro l'umanità.

In entrambi i contesti, il dialogo e la riconciliazione giocano un ruolo centrale.

BANDA ACEH, INDONESIA

Nel 2004, il Sud-Est asiatico è stato colpito da uno tsunami che ha fatto più di 230.000 vittime, ha distrutto le abitazioni e la vita di molte persone e anche molte strutture sociali come moschee, chiese, scuole, ospedali, ecc. In alcuni villaggi, è stato spazzato via dalle acque ed è morto il 90% della popolazione locale. Più di 550.000 persone sono state forzatamente sfollate dalle loro case e dalla loro terra. Da allora le cose sono migliorate e molto è stato ricostruito, ma nonostante ciò la maggior parte della popolazione di Aceh continua a soffrire dei traumi psicologici dell'orribile tragedia che ne ha cambiato per sempre la vita.

Le comunità religiose della regione, per la maggior parte islamiche ma anche cattoliche, cristiane di diverse denominazion, buddiste e di altri gruppi, si sono unite per rispondere efficacemente all'urgenza della crisi e aiutare la gente toccata in modo più "pesante". Vorrei descrivere uno di questi sforzi di collaborazione interreligiosa che si è sviluppata tra musulmani e cattolici di Banda Aceh, collaborazione che continua a fornire alle persone di diversa fede e cultura molte vie – direi "viali" – per convivere in pace e amicizia, per lavorare insieme allo sviluppo umano e pregare per la guarigione e il benessere del mondo.

Gruppi per la valutazione della crisi – in rappresentanza dell'Islamic Relief, un'agenzia internazionale di soccorso finanziata dai musulmani, della Caritas cattolica dell'Indonesia, dei Servizi di Soccorso Cattolici (USA), della Caritas Internationalis e di altre agenzie di soccorso cattoliche – si sono incontrati per discutere di come rispondere all'emergenza immediatamente, efficacemente e nel rispetto delle sensibilità culturali e religiose della popolazione di Aceh. Dopo un certo numero di incontri nelle settimane immediatamente successive allo tsunami, la Chiesa cattolica indonesiana ha proposto di dare supporto all'agenzia di soccorso musulmana: i cattolici si sarebbero occupati di alcuni progetti specifici concernenti la Chiesa, ma avrebbero riversato una grande parte delle donazioni internazionali nei programmi dell'Islamic Relief[2].

---

2 Al momento dello tsunami e della conseguente *partnership* interreligiosa creatasi tra comunità di fede musulmana e cattolica, stavo lavorando alla Conferenza dei Vescovi Cattolici degli Stati Uniti, a Washington (*nda*).

I musulmani sunniti rappresentavano il 98% della popolazione di Aceh; avevano comunità locali che potevano essere usate per aiutare a radunare la gente e favorire la cooperazione; avevano reti nella capitale indonesiana e nella regione per l'acquisto, la spedizione e la distribuzione di forniture di pronto intervento; godevano della fiducia dei locali che erano sospettosi nei confronti dei cristiani e di altre agenzie di soccorso che, secondo loro, avrebbero potuto provare a usare i viveri come strumento di conversione. L'Islamic Relief, da ultimo, aveva una buona reputazione per aver sempre ed efficacemente prestato assistenza d'emergenza e per la sua capacità di lavorare in maniera aperta e collaborativa con altre agenzie di soccorso. È piuttosto sorprendente pensare che i fondi cattolici non hanno fornito solo soccorso sotto forma di viveri, medicine e ripari temporanei, ma hanno anche aiutato la ricostruzione di strutture del culto musulmane, cioè moschee e scuole islamiche. Le agenzie cattoliche di soccorso e sviluppo di solito non rispondono alle emergenze in questo modo. Rimane il fatto che, come molti ora sostengono, era il modo più appropriato per rispondere a una crisi umanitaria di proporzioni enormi, una risposta che ha continuato a portare molti frutti sotto forma di promozione della fiducia e della cooperazione a livello locale e regionale in Indonesia tra comunità di fede diversa. Ciò non significa che non ci fossero – o che non ci siano tuttora – problemi tra musulmani e cristiani, direttamente collegati alle dottrine missionarie e alle pratiche religiose delle rispettive comunità. Allo stesso tempo, però, si è generata tanta buona volontà e fiducia così che, all'insorgere di specifici problemi, i credenti locali possono ricordarsi l'un l'altro i modi in cui hanno collaborato e si sono supportati vicendevolmente al di là di fedi e culture diverse, e che non c'è ragione perché cooperazione, rispetto e pacifica coabitazione non debbano continuare. Come diretta conseguenza della cooperazione tra agenzie e leader musulmani e cattolici in risposta allo tsunami, si sono formati vari gruppi interreligiosi focalizzati sulla promozione dell'istruzione delle donne e delle giovani, di programmi di formazione al lavoro giovanile, di cooperative di uomini e di altre attività.

Dobbiamo imparare almeno tre lezioni da questa esperienza di cooperazione interreligiosa in Indonesia.

La prima è che l'identità religiosa, la propria fede, non ci impedisce di riconoscere l'umanità presente negli altri, e non solo l'umanità ma anche la presenza divina di Dio in tutte le persone.

La seconda lezione è che ci vuole una crisi per farci mettere da parte le ferite e le divisioni storiche; serve una situazione di emergenza per cercare la nostra umanità comune e la chiamata di Dio per tutti noi a vivere insieme, il che non implica necessariamente uniformità nella fede e nella spiritualità, nelle espressioni sociali e culturali e nella maniera di organizzare le società umane. Nel caso di Aceh, dove musulmani e cattolici si sono uniti per rispondere al grido umano per la vita, la salute e la dignità, non si è provato a convertire la gente con la distribuzione di beni materiali. I contributi cattolici non hanno solo concorso a salvare vite e a fornire medicine e altra assistenza, ma anche a ricostruire i luoghi del culto islamico.

La terza lezione è che nella vita quotidiana, a livello locale, la gente sa superare ostacoli specifici, come quelli generati da pratiche e credo religiosi molto diversi, e sa fare scelte per coabitare con gli altri in pace per il bene comune e con uno sguardo al futuro. A volte sa anche pregare per l'altro per la guarigione, la riconciliazione, la pace e lo sviluppo umano.

Nella dichiarazione sulla libertà religiosa *Dignitatis Humanae* del Concilio Ecumenico Vaticano II (1965), scopriamo tre princìpi centrali che guidano tutte le discussioni sulla questione della libertà religiosa nel mondo oggi, almeno per quanto concerne la Chiesa cattolica. Queste tre aree si focalizzano sul diritto dato da Dio a tutti i popoli di professare il proprio credo religioso in piena libertà; la capacità dell'essere umano di lavorare insieme per la vita e la felicità in presenza di grandi emergenze; e infine la vocazione di credenti religiosi a fare quotidianamente la scelta di proseguire su sentieri di dialogo, di mutuo rispetto, di collaborazione e di ricerca congiunta di giustizia, pace, verità e riconciliazione, per vivere insieme in armonia e con tutte le creature dell'universo.

Il sacro Sinodo [...] esorta i cattolici e invita tutti gli esseri umani a considerare con la più grande attenzione quanto la libertà religiosa sia necessaria, soprattutto nella presente situazione della famiglia umana. È infatti manifesto che tutte le genti si vanno sempre più unificando, che si fanno sempre più stretti i rapporti fra gli esseri umani di cultura e religione diverse, mentre si fa ogni ora più viva in ognuno la coscienza della propria responsabilità personale. Per cui, affinché nella famiglia umana si instaurino e si consolidino relazioni di concordia e di pace, si richiede che ovunque la libertà religiosa sia munita di una efficace tutela giuridica e che siano osservati i doveri e i diritti supremi degli esseri umani attinenti la libera espressione della vita religiosa nella società.[3]

DARFUR, SUDAN

Ora vorrei parlare brevemente di una seconda esperienza di cooperazione ecumenica, interreligiosa e interumanitaria alla quale ho partecipato personalmente. Sto parlando della Save Darfur Coalition (Coalizione per salvare il Darfur) che è stata fondata nel luglio 2004 a New York e che è diventata uno dei più efficaci movimenti in-

---

[3] *Dignitatis Humanae*, 15.

terreligiosi e umanitari della storia recente degli Stati Uniti.

Lo scopo esplicito della costituzione della Coalizione era quello di affrontare le questioni della violazione dei diritti umani, dei crimini contro l'umanità e degli atti di genocidio nella regione occidentale del Sudan, il Darfur, e di negoziare la fine del conflitto. Nel 2004, un gruppo di unità armate locali di autodifesa ha attaccato un'installazione militare e ne ha scacciato i militari sudanesi, distruggendo gli armamenti pesanti. Il governo ha quindi intrapreso un'immediata e violenta campagna di distruzione di vite, di proprietà, di violenza su donne e bambini, di avvelenamento dei pozzi d'acqua e di altre forme di atrocità. Ha arruolato soldati e addirittura creato e supportato bande di pastori e milizie Janjawid per contrastare questi gruppi ribelli e distruggere tutto dietro di loro.

La Coalizione per salvare il Darfur ha dato forma a una dichiarazione comune d'intenti e ha unito piu di 180 gruppi religiosi (e non) in una campagna che desse voce alle vittime innocenti del Darfur al fine di essere udite dai leader politici ed economici di Stati Uniti, Europa, mondo islamico, di altre aree del Nord e del Sud America, in Africa, in Asia e attraverso le varie agenzie delle Nazioni Unite. Il messaggio è diventato come un mantra: "Smettete di uccidere, mai più" (in riferimento alla Shoah e al genocidio in Ruanda). Così, perseguire una pace giusta e duratura, dare protezione e soccorso alle vittime e agli sfollati e portare in giudizio i responsabili di crimini contro l'umanità e/o di genocidi sono diventati i temi-chiave della campagna. Gruppi musulmani, specialmente sudanesi, sono stati accolti nella Coalizione per agire attivamente come protagonisti.

A un più pratico livello locale, comunità cattoliche, cristiane di altre denominazioni ed ebraiche hanno preparato vari programmi di formazione che sono stati portati a parrocchie locali, sinagoghe, comunità musulmane, università e altri istituti di formazione, ai consigli di amministrazione delle principali società di investimento e multinazionali, inclusa Wall Street, alle camere del Congresso USA, al Parlamento britannico, sugli Champs-Élysées a Parigi, alla Banca Mondiale, al Fondo Monetario Internazionale, alla Lega Araba, all'Unione Africana, e ovunque si potesse essere ascoltati con comprensione. Sono state fatte campagne pubblicitarie nazionali e internazionali: "Salvate il Darfur", "Fermate il genocidio", si sarebbe letto sui muri delle stazioni della metropolitana di Londra, Parigi e Roma, come su autobus e tabelloni pubblicitari attraverso gli Stati Uniti, in Africa e in Asia.

La Coalizione ha dovuto affrontare serie sfide, interne ed esterne, che a tratti hanno minacciato l'unità della sua missione e del suo lavoro. È stata criticata per essere troppo incentrata sul patrocinio della causa politica e non abbastanza sull'aiuto al popolo sofferente in Darfur. È stata criticata anche da alcuni cattolici, perfino da vescovi, che sentivano di non poter controllare completamente gli obiettivi da essa dichiarati, né i suoi messaggi o pronunciamenti. Nonostante ciò, la verità è che la Coalizione per salvare il Darfur ha mobilitato milioni di persone in tutto il mondo per porre fine alla violenza contro civili innocenti e per promuovere la fine del conflitto e l'attenzione ai bisogni della popolazione.

Vi sono varie lezioni che possiamo imparare e che sono direttamente correlate ai due princìpi proposti all'inizio di questo momento condiviso: dialogo e riconciliazione.

La prima è: mai andare da soli se si può lavorare in collaborazione con altri. Questa è una delle lezioni più difficili per noi cattolici e in generale per i seguaci delle diverse tradizioni religiose. Spesso crediamo di possedere non solo "la verità", ma anche "tutta la verità", tutta la conoscenza, tutta l'esperienza e ogni altra forma di potere si possa immaginare. Questo è semplicemente falso. Noi abbiamo bisogno degli altri se vogliamo essere più efficaci. Abbiamo bisogno degli altri se dobbiamo essere elementi attivi nella costruzione di un futuro più giusto, più libero e più equo per tutti, un futuro caratterizzato dal rispetto reciproco, dalla cooperazione, dalla riconciliazione e dalla pace. Abbiamo bisogno degli altri perché cerchiamo Dio, e anche Dio ha bisogno di loro.

La seconda lezione è che noi cattolici non dobbiamo avere sempre il controllo quando entriamo a far parte di imprese cooperative. Noi abbiamo la nostra fede specifica e contributi umani da apportare, ma non dobbiamo

necessariamente avere il "comando" quando ci muoviamo in una situazione che implica collaborazione, fiducia,
servizio, promozione, ecc. Dio è a capo e Dio fa sì che
accada ciò che deve accadere, talvolta nonostante noi e
non grazie a noi. Ciò che possiamo fare è metterci a disposizione dell'umanità per il piano di Dio.

La terza lezione è che il dialogo interreligioso non
comporta la ricerca di chi ha ragione e di chi ha torto,
per fare del nostro punto di vista quello dominante e
unico. Il dialogo, secondo il documento del 1991 *Dialogo
e Annunzio* del Pontificio Consiglio per il Dialogo Interreligioso e la Congregazione per l'Evangelizzazione dei
Popoli, cerca di costruire ponti per la comunicazione fra
popoli di diversa estrazione culturale, linguistica, geografica, religiosa, di costruire legami d'amicizia (lo spirito
del dialogo), di promuovere pace e armonia tra popoli
di differenti sistemi religiosi di credo e di pratica al fine
di approfondire una mutua conoscenza, un reciproco arricchimento, la promozione della libertà, la ricerca della
verità e la condivisione delle proprie convinzioni e motivazioni religiose:

> Il dialogo può essere compreso in vari modi. In primo
> luogo, a livello puramente umano, significa comunica-
> zione reciproca, per raggiungere un fine comune o, a un
> livello più profondo, una comunione interpersonale. In
> secondo luogo, il dialogo può essere considerato come
> un atteggiamento di rispetto e di amicizia, che penetra

o dovrebbe penetrare in tutte le attività che costituiscono la missione evangelizzatrice della Chiesa. Ciò può essere chiamato – a ragione – "lo spirito del dialogo". In terzo luogo, in un contesto di pluralismo religioso, il dialogo significa «l'insieme dei rapporti interreligiosi, positivi e costruttivi, con persone e comunità di altre fedi per una mutua conoscenza e un reciproco arricchimento», nell'obbedienza alla verità e nel rispetto della libertà. Ciò include sia la testimonianza che la scoperta delle rispettive convinzioni religiose.[4]

La quarta lezione è che il dialogo interreligioso e la cooperazione possono portare i credenti cristiani, e in molti casi lo fanno, a una consapevolezza più profonda della loro fede e delle cause della speranza cristiana. Diventando consapevoli delle motivazioni che ci fanno agire nel mondo e venendo in contatto con credenti di diversi sistemi e pratiche religiosi, noi approfondiamo la nostra personale consapevolezza, chiariamo i motivi e le cause delle nostre azioni e sviluppiamo nuovi modi di condividere la gioia della vita evangelica che sperimentiamo in mezzo a chi ci circonda, senza proselitismo e in libertà. Diventiamo anche più consapevoli della ricerca umana di libertà, verità, giustizia, amore, pace e riconciliazione, che è nel cuore di ogni essere umano.

---

[4] *Dialogo e Annunzio*, 9.

Vorrei concludere con le parole di Papa Giovanni Paolo II nell'incontro del 27 ottobre 1986 ad Assisi, alla presenza di altri capi religiosi e di fronte alla comunità mondiale:

> Il trovarsi insieme di tanti capi religiosi per pregare è di per sé un invito oggi al mondo a diventare consapevole che esiste un'altra dimensione della pace e un altro modo di promuoverla, che non è il risultato di negoziati, di compromessi politici o di mercanteggiamenti economici, ma il risultato della preghiera, che, pur nella diversità delle religioni, esprime una relazione con un potere supremo che sorpassa le nostre capacità umane da sole.

Dialogo, riconciliazione, perseguimento della pace: questi sono gli elementi centrali della nostra fede cristiana, radicati nel mistero della Trinità e iscritti nei cuori di tutti gli essere umani. È su questi che dobbiamo profondere tutta la nostra energia, cominciando con una semplice testimonianza di rispetto reciproco, di volontà di ascoltare gli altri e di vedere in loro ciò che Dio vi vede, la presenza divina di Dio, e di cercare attivamente e quotidianamente di costruire ponti umani di dialogo, di riconciliazione e di pace, seguendo le orme di Gesù di Nazaret e di Francesco d'Assisi. Non ci dobbiamo scoraggiare quando non riusciamo a vivere queste dimensioni centrali della nostra vocazione umana, cristiana e francescana (di credenti), né dobbiamo scoraggiarci per i fallimenti degli altri. Dobbiamo semplicemente tenere il nostro sguardo fisso sul Signore della Vita che chiama noi e tutti i popoli nella libertà, nella riconciliazione e nella pace offerte da Dio.

SOMMARIO

gli**A**RCHI

Come archi che, pietra su pietra, scavalcano fiumi e distanze, così i volumetti di questa collana offrono brevi letture di temi d'attualità, spunti di riflessione e contributi di spiritualità nel tentativo di colmare divisioni che spesso si credono insuperabili, unendo rive solo apparentemente opposte e aprendo porte su realtà da riscoprire.